जनम जनम की हसरतें

उम्मीद

ISBN 978-93-5458-121-2
© सरकार गोरखपुरी 2021
Published in India 2021 by Pencil

A brand of

One Point Six Technologies Pvt. Ltd.
123, Building J2, Shram Seva Premises,
Wadala Truck Terminal, Wadala (E)
Mumbai 400037, Maharashtra, INDIA
E connect@thepencilapp.com
W www.thepencilapp.com

Author biography

सरकार गोरखपुरी

(अविनाश पांडेय)

शिक्षा – बी एस सी

एम ए (दर्शन शास्त्र)

पी जी डिप्लोमा इन फार्मा मैनेजमेंट

एल एल बी(इलाहाबाद विश्वविद्यालय)

सरकार गोरखपुरी एक बहुमुखी प्रतिभा के धनी हैं। ये मूलतः एक कवि हैं। हिंदी भोजपुरी अंग्रेजी और संस्कृत में समान भाव से कविताएं लिखते हैं। कविता और कहानियों के अलावा हिंदी साहित्य की कई विधावों में यथा निबंध, उपन्यास, डायरी, इत्यादि में ये साहित्य सृजन कर रहे हैं। इनकी भाषा शैली रोचक और भावमय है।

CONTENTS

Foreword

मेरी लेखन यात्रा की शुरुवात तब हुई जब मै पांच साल का था। मैं छंद और बालगीत लिखा करता था। यह सफर आज तक जारी है। पहले मैंने कभी इसे गंभीरता से नहीं लिया और यह यदा कदा ही लिखना चलता रहा। अतः कभी मैं नियमित तौर पर नहीं लिख पाया। फिर एक दिन एक कू ऐप आया और मेरी लेखनी नियमित चलने लगी। प्रस्तुत सभी कविताएं मेरी कू ऐप पर मेरे द्वारा कुछ महीनों में रची गई है। कू ऐप का आभार मुझे फिर से नियमित बनाने के लिए ।

मेरी इस यात्रा में मेरे पिता श्री जयप्रकाश पांडेय और मां स्व० प्रेम नंदिनी पांडेय का अमूल्य योगदान है। इनके बगैर मेरी ज़िन्दगी अधूरी है। मेरे पिताजी अपने समय में एक अच्छे लेखक हो सकते थे पर किसी सहयोग के बगैर और परिस्थितियों से जूझते रहे। और उनकी रचनाएं छपने से पहले ही नष्ट हो गईं।

मेरे बाबा स्वर्गीय श्री सीता राम पाण्डेय और दादी स्वर्गीय कांति देवी का भी अमूल्य योगदान रहा है।

मेरी बहने श्रीमती बीना मिश्रा और श्रीमती तृप्ति मिश्रा और बहनोई श्री सुर्यप्रकाश मिश्रा और श्री धर्में‌न्द्र मिश्रा का अपरिमित योगदान है। मेरे बड़े मामा यशोदानंद चतुर्वेदी ने तो मुझे बचपन में ही मेरी प्रतिभा से प्रभावित होकर तुलसीदास

की उपाधि दी थी। मेरी बड़ी मामी श्रीमती कमला चतुर्वेदी का भी योगदान रहा है । मझले मामा स्वर्गीय सुभास चन्द्र चतुर्वेदी इंटर कॉलेज के प्रिंसिपल थे। मझली मामी श्रीमती जयंत्री देवी का भी योगदान रहा है। छोटे मामा- मामी दयानंद चतुर्वेदी- श्रीमती कलावती देवी का भी प्रोत्साहन रहा है। मेरे बड़े पिताजी- बड़ी मां श्री गिरीश चंद्र पांडेय- श्रीमती सुमित्रा पाण्डेय और श्री फणीश चंद्र पांडेय- श्रीमती रामलली पांडेय और चाचा- चाची श्री संगम पांडेय- श्रीमती झांती पांडेय, गोपाल चाचा, लाला चाचा का बहुत योगदान है। मेरी बुआ श्रीमती श्रद्धा मिश्रा, श्रीमती अवनीबाला त्रिपाठी और श्रीमती सुमन त्रिपाठी तथा मौसी स्वर्गीय परमावती उपाध्याय का योगदान बहुत रहा है।

मेरी भार्या, जीवनसंगिनी श्रीमती जागृति पांडेय का योगदान मैं कभी नहीं भूल सकता। उन्होंने मुझे मेरी रचनाओं को प्रकाशित करने के लिए प्रोत्साहित किया और अपना अमूल्य समय दिया। उन्होंने इस दौरान मेरा ख्याल रखा और समय नहीं मिलने पर कोई शिकायत भी नहीं किया। मेरी बिटिया शुभ्रा का भी योगदान है। मैंने उसको मिलने वाले स्नेह भरे पलों को भी इस किताब को पूरा करने में लगाया।

मेरे श्वसुर श्री अवधेश तिवारी, सास श्रीमती सन्ध्या तिवारी और मेरे साले अभिषेक तिवारी का भी योगदान रहा है।

इस किताब के लेखन के समय और बाद में मेरी बहनों किशोरी दीदी, बेबी दीदी, स्वर्गीय छोटी दीदी, सुमन दीदी, नीलू दीदी, रूपा दीदी, निशी दीदी, क्षमा दीदी, गुड़िया दीदी, मंजू दीदी, अलका दीदी, मीरा दीदी, स्वर्गीय किरन दीदी, रिंकी दीदी, नेहा, शालू, जूही, पूनम, पूजा, शिवा, शीलू, बिल्लू, सोनी

और दीपिका का भी काफी योगदान रहा है। मेरे जीजाजी यथा शैलेंद्र जीजाजी, देवकांत जीजाजी, पंकज जीजाजी और रामू जी का भी सहयोग रहा है।

मेरे अग्रज नित्यानंद भैया, सत्यानंद भैया, प्रदीप भैया, कुलदीप भैया अवनीश भैया, सच्चिदानंद भैया, सर्वदानंद भैया, मनोज भैया, छोटकु भैया, राजू भैया, जगदीश भैया, अनिल भैया, सुनील भैया,संजय भैया, घल्लर भैया, अखिलेश भैया, पोलादन भैया, सर्वेश भैया, राजू भाई, अमर भैया, लोलो भैया, मुख्तार भैया, अवधेश भैया, श्रीराम भैया का भी योगदान रहा है। मेरी भाभियों यथा सीमा भाभी, सुमन भाभी, पूनम भाभी, निशा भाभी, सुधा भाभी, किरन भाभी, सुनीता भाभी, नंदिनी भाभी, का काफी योगदान रहा है।

मेरे अनुज अभिषेक, विकास, आयुष, मार्कण्डेय, दीपू, रिंकू, अनुपम, दीनू, झीनकाई, चंकी, अरुण, वरुण, बालकृष्ण और अंकित का भी सहयोग रहा है।

मेरे कुछ मित्रो का जिक्र किए बिना यह अधूरा लग रहा है। सबका यहां उल्लेख नहीं किया जा सकता फिर भी कुछ नाम ले रहा हूं। सतेंद्र, पिंकू, गंगा प्रसाद, सतीश, पवन, अरविंद, मनोज, सुदीप, अरुण, मनीष, जनार्दन, लक्ष्मीकांत, शशि भैया, कमलेश भैया, मनीष भैया, विवेक भैया, मौर्या भैया, अरुण, राहुल सर, अमित सर, अवनीश ठाकुर, मोनू जायसवाल, आशुतोष पाण्डेय, एम बी चौधरी, सुधाकर, राहुल सिंह, ज्वाला सिंह, शमशेर सिंह, सागर पाण्डेय, दिनकर, प्रदुम्न, संदीप यादव, अश्विनी केसरवानी और विजय कुमार का काफी योगदान रहा है। जिनका नाम नहीं है। उनका योगदान कम

नहीं हो जाता। वो भी उतने ही महत्वपूर्ण है जितने वे लोग जिनके नाम लिए गए है।

मेरी इस यात्रा में मेरे अध्यापकों का भी अमूल्य योगदान रहा है उनके ज्ञान के बगैर मैं कुछ भी नहीं कर पाता। उनका अमूल्य योगदान मैं कभी भुला नहीं सकता। मैं उनका सदा आभारी रहूंगा। उनका आशीष मुझे हमेशा प्राप्त हो।

इन सब के सहयोग के अलावा भी बहुत लोगो का योगदान रहा है ।

और बहुत से लोगो ने प्रत्यक्ष और अप्रत्यक्ष सहयोग किया है मेरे व्यक्तित्व और कृतित्व को निखारने में। सबका नाम यहां लिखा नहीं जा सकता । मैं मेरी जिंदगी से जुड़े हर एक व्यक्ति को धन्यवाद देता हूं जिनकी बदौलत मैं यहां तक पहुंच सका हूं।

और मै the pencil app पब्लिकेशन का भी आभारी हूं जिन्होंने यह किताब प्रकाशित किया। मुद्रक को भी बहुत बहुत आभार।

सरकार

गोरखपुरी

Preface

प्रस्तुत किताब में मेरी कुछ कविताएं ली गई हैं। इन्हे मैंने कुछ महीनों में रचा है। इनमे जिंदगी के कुछ पहलुओं को शामिल किया गया है। कविताएं मुख्य रूप से आज के परिवेश पर हैं।कहीं प्यार दुलार तो कहीं सलाह है। कहीं कोरोना तो कहीं प्रकृति तो कहीं रोजमर्रा की चीजों पर लिखा गया है। ये सारी कविताएं मैने तत्क्षण लिखी हैं। आशा करता हूं कि आप सभी को बहुत पसंद आएंगी। आप सभी को बहुत बहुत आभार।

सरकार गोरखपुरी

Acknowledgements

समर्पण

मेरी परमपूज्य मां स्व० प्रेमनंदिनी पांडेय और पूजनीय पिताजी श्री जय प्रकाश पांडेय जी को स्नेह समर्पित

स्मृतिशेष

• दादा स्व० सीताराम पांडेय

• दादी स्व० कांति पांडेय

• नाना स्व० कपिलदेव चतुर्वेदी

• नानी स्व० वंस कुमारी चतुर्वेदी

• मामा स्व० सुभाष चन्द्र चतुर्वेदी और अन्य स्मृतिशेष महानुभावों की स्मृति में

जनम जनम की हसरतें

जनम जनम की हसरतों का
अब तक हिसाब बाकी है।

उतर गई है हया की चादर
 बस उतरना हिजाब बाकी है।

ज़माने में जलिल हुए बहुत
पर अभी भी रूवाब बाकी है

सरकार आखिरी सांसे चल रही हलक में
 फिर भी अधूरे हजारों ख्वाब बाकी है।

सरकार ये रिश्ते नहीं आसान

रिश्तों को लेकर

साथ साथ चलना

नहीं होता है आसान।

बहुत कुछ सहना पड़ता है

फिर भी चुप रहना पड़ता है

छलनी हो जाता है प्राण।

कभी प्रेम भरे पल होते

कभी हम पूरी रात हैं रोते

कभी रात भर मस्ती करते

कभी हफ़्तों नहीं है सोते

कभी प्रेम की वर्षा होती

कभी होता है सिर्फ अपमान।

कभी मिलती वाहवाही

कभी रहती बेपरवाही

कभी शान मे गढ़े जाते कसीदे

कभी मिलते ना मिटने वाले

घाव के निशान।

सरकार ये रिश्ते नहीं आसान।

वो सोए ऐसे कि

वो सोए ऐसे
कि फिर उस रात की सुबह ना हुई।

सरकार कोई ऐसी आंखे ना मिली
जो उनके जाने के गम में नम ना हुई।

चाहे कितनी भी नापसंद रही हो बातें उनकी
पर दिलों में उनकी इज्जत कम ना हुई।

बहुत याद आएगी उनकी हमेशा
मरने के बाद भी उनकी कीमत कम ना हुई।

गांव की आबोहवा

गांव की आबोहवा
इस विपदा में भी
शुद्ध है शहरों से अलग।

जब चारों ओर फैला हुआ
जहर घुल रहा सांसों से सांसों तक
गावों ने रखा है खुद को अलग।

शहरों से कटकर
रोक रखा है महामारी की रफ्तार को
अपनी जरूरतों को समेट कर।

सरकार गावों ने बना दिया है मिशाल
आत्मनियंत्रण और आत्मानुशासन का।

और जला रखा है दिया आशा का
और जिंदा रखा है उम्मीद की किरण को
कि कोरोना से जंग जीत लेंगे हम ।

तेरे मेरे दरम्यान

तेरे मेरे दरम्यां बन गए

ये दो गज के फासले।

चेहरे पर खौफ के साए

हर तरफ बस मौत की अटकलें।

फिर भी तोड़ नहीं पाया

वो जालिम दिलो के हौसले।

सरकार आएंगी रास्ते में

चाहे जितनी भी मुश्किलें।

चाहे लाख तुफां आए

चाहे हजार जलजले।

फिर भी पाएंगे हम

मिलजुल कर अपनी अपनी मंजिले।

पहली बार

पहली बार दहशत दिखी उन आंखों में भी

जो कहते थे कोरोना ओरोना कुछ भी नहीं

उनके परिचित जो बिल्कुल स्वस्थ थे सुबह

खांसी आई हाथ कापें कदम लड़खड़ाए।

होठ हिले भौहें सिकुड़ी जी मिचलाए

गिरे ऐसे फिर ना उठे थोड़ा तड़फड़ाए।

बेहोश हुए फिर कभी होश में ना आए

चले गए उस रस्ते पर

जहा से लौट के कोई ना आए।

जो कभी मास्क नहीं लगाते थे सरकार

लगा भी लिया तो घूमते रहते थे गले में लटकाए

आज वो डबल मास्क में नजर आए।

उजाले फिर से लौट आयेंगे

इस भयानक अधियारें का होगा अंत

उजाले फिर से लौट आएंगे।

ये खौफनाक रात बीत जाएगी

सुबह के रखवाले लौट आएंगे।

सरकार खुशियां फिर से आएंगी

दर्द के ये बादल छट जाएंगे।

फिर से जीतेगी जिंदगी

मौत के ये साए हट जाएंगे।

जिंदगी के सफर में

जिंदगी के सफर में जहां से भी गुजरे

अपने कदमों के निशान छोड़ आए।

सरकार कही अफसाना

तो कहीं अपना नाम छोड़ आए।

हर मोड़ पर बने रिश्ते कई नए

किसी को नाम तो कई बेनाम छोड़ आए।

जिंदगी भी नए तजुर्बे सिखाती रही

ज़िन्दगी भी नए तजुर्बे सिखाती रही।

कभी हौसले बुलंद किए

कभी हिम्मत आजमाती रही।

कभी मौके दिए भरपूर

तो कभी हकीकत का आईना दिखाती रही।

सरकार इसका खेल है निराला

कभी ठोकरों से गिराया

तो कभी गिरा के उठाती रही।

जहां की मुश्किलें

जहां की मुश्किलें

कम करने का जी करने लगे।

जहां की तकलीफें

अपनी सी लगने लगे।

सरकार समझ लेना इंसान खुद को

दया ओ करुणा जब दिल में रहने लगे।

इस बाजारू दुनियां में

इस बाजारू दुनिया में

जज़्बातों के कद्र की किसे पड़ी है?

जिसे मुफलिस समझ पहरे पर लगाया

असल में चोर वही है।

सरकार जिसे समझा हमदर्द मैंने

क्या वही मेरे अरमानों कातिल नहीं है?

भटकता रहा उमर भर जिस रहनुमा की तलाश में

तेरे सिवा क्या कोई और कहीं है?

फोटो भी होते हैं

फोटो भी होते हैं

एक तरह के आइने।

दिखाते हैं हमे

अतीत के मायने।

रखे जाते सम्भाल कर

पिछला सब कुछ

ज्यों ए त्यों देते हैं परोस।

कभी तसल्ली

तो कभी अफसोस।

सरकार हम भी

हैं कितने अहसान फरामोश।

जो दिखाते इतना कुछ

हम उन्हे ही दे देते हैं सारा दोष।

एक दौर था

एक दौर था जब लोग जिनकी

दहशत से थर थर कापते थे।

आज का दिन है वो ही लोग

यहां आने से घबराते हैं।

डर सबको लगता है

बस डराने वाला चाहिए।

खौफ देने वाला भी महसूस करता है खौफ

कानून का डर दिखाने वाला चाहिए।

कल तक रुतबा था जिनका रसूख भी

दबंग भी थे और मशहूर भी

उनका सारा एम्पायर ध्वस्त कर दिया।

सरकार इस सरकार ने

सभी गुंडों की हालत पस्त कर दिया।

भीख मांग रहे अपने जान की

उनके दहशत का अस्त कर दिया।

देती हैं आसानियां

देती है आसानियां

अक्सर ही नाकामियां।

कठिन डगर ही ले जाती

मंजिल- ए - कामयाबियां।

कामयाबी के असल मायने

वो क्या जाने?

जिसने तय नहीं किए कभी रास्ते।

कभी गिरे नहीं, रुके नहीं किसी और के वास्ते।

सरकार कामयाबी भी

जिनको थाली में परोस कर है मिलता।
वो क्या जाने कितनी खुशी होती है

जब मेहनत के बाद मिलती है सफलता।

कभी कभी

कभी कभी कुछ लोगो का व्यवहार

नासूर बन जाता है जिंदगी का।

सरकार उड़ जाता है मजाक

कभी कभी बंदगी का।

खुद के पैर पर कुल्हाड़ी मार लेते हैं

चाह कर भी कुछ कर नहीं पाते हैं

क्या करें ऐसी संजीदगी का।

नैन से नैन लड़े

नैन से नैन लड़े पेड़न की छाव में।

दिल उसने दे दिया एक ही ताव में।
दोनों घूमने लगे लहरों पर नाव में।

सरकार लाज गई शरम गई।

किसी की कोई परवाह नहीं।

दोनों लगे एक दूजे को हर जगह ताड़ने।

चाहे परिवार की इज्जत जाए भाड़ में।

उन्हे कोई फ़िक्र नहीं ज़माने की।

उन्हे तो जिद है एक दूजे को पाने की।

तुम चाहे जहां हो

तुम चाहे जहां हो

चाहे जो करते हो

जैसी भी स्थिति हो

पर कुछ ऐसा जरूर करना

कि जब भी जिंदगी की शाम हो

चेहरे पर सिकन रत्ती भर ना हो

सरकार सुकून भरी एक मुस्कान हो

उस काम को करने का

दिल में इत्मीनान हो।

चाहे कोई कुछ भी कहे

बस अपना आखिरी सफर आसान हो।

बस अपना आखिरी सफर आसान हो।

हुस्न इश्क के साथ रात में

हुस्न इश्क के साथ रात में

था भागने की फ़िराक़ में।

परिवार को भनक लग गई

सारी योजना धरी रह गई।

वो तैयार था हुस्न के पर कतरने के

मौके की तलाश में।

परिवार ने चलाया ब्रह्मास्त्र

कर दिया कोरोना से भी बुरा हाल।

कोरोना में तो होता है

चौदह दिन का क़ारंटाइन।

पर इसमें लग गए दिन

थ्री हंड्रेड नाइन।

37

इश्क ने हुस्न पर बेवफाई का लगाया आरोप।

सरकार हुस्न ने हटाया अपना टोप।

जालिमो ने बना दिया था गजब टकली रूप।

कभी वक्त से आगे

कभी वक्त से आगे, कभी वक्त से पीछे

चलने लगते है लोग।

सरकार वक्त के साथ चलने से

बनता है सफलता का योग।

बनाओ अपनी ऐसी चाल

कर सको वक्त से कदम ताल।

फिर मचेगा खुशियों का धमाल।

सही समय पर उठाओगे जो सही कदम

हो जाओगे तुम मालामाल।

जिस्म ओ रूह की जरूरत हो तुम

जिस्म-ओ-रूह की जरूरत हो तुम।

मेरी बेपनाह मोहब्बत हो तुम।

सरकार और क्या कहे
मेरे दिल की एकमात्र हसरत हो तुम।

हम यूं ही

हम यूंही मुस्कुराते गुजरते थे उनकी गली से

लोगो ने समझा यार का दीदार हो गया ।

हम यू खोए खोए से रहने लगे

सबने कहा प्यार हो गया।

सरकार एक दिन बीमार क्या हुए

यार को लेकर कोई और फरार हो गया।

सबका शक हम पर आया

जो जुर्म ना किया हमने

उस जुर्म की सजा का हकदार हो गया।

इश्क़ हुस्न के चक्कर में तड़ीपार हो ।

साल का है पावन अवसर

साल का है पावन अवसर

सरकार श्रेष्ठ जनों के आगे शीश झुकाते है।

बड़ो के आशीष की आकंक्षा है

छोटो पर स्नेह लुटाते हैं।

दे आशीष मुझे हे भारत भूमि

इसी तरह सदा भारत के गुण गाउ।

जब तक रहे सांस जिस्म में

मातृभूमि और धर्म के काम मैं आऊ।

जन्म हो या मरण हो

जन्म हो या मरण हो

समझौता हो या रण हो

जय हो या पराजय हो

शांति हो या कोलाहल हो

समाधान हो या अन्तर्द्वंद हो

सृष्टि हो या प्रलय हो

सरकार तुम कर्मयोगी हो

तुम निर्लिप्त हो निर्लिप्त रहना

इन क्षण भंगुर विचारों में मत उलझना

बस अपने कर्म पथ पे डटे रहना

जो होगा सो होगा

तुम बस अपना कर्म करते रहना।

यही कर्तव्य है जीवन का

कभी रुकना नहीं बस चलते रहना।

आभार

हे फॉलोअर! देते है सरकार

हृदय से तुम्हे कोटि कोटि आभार

धन्य हूं मैं जो तुमने किया फॉलो

तुम ना होते तो सब होते हॉलो

जितने भी लोग सेलिब्रेटी बने फिरते है

सब तुम्हारी बदौलत है

रुपया पैसा गाड़ी बंगला सब शोपीस

तू ही सच्ची दौलत है

तुम जिसे चाहो मशहूर कर दो

किसी को अर्श से फर्श पर चकनाचूर कर दो

हे मानस के राजहंस! तुम्हे धन्यवाद

बनाए रखना सरकार पे सदा अपना आशीर्वाद

मन तो रह जाता रीता का रीता

चलो हो गया होली मिलन

एक त्योहार और बीता।

सरकार वो रंग कहां रहा अब

वो मस्ती का दौर नहीं मनप्रिता।

कितना भी भीग जाए जिस्म अब

मन तो रह जाता रीता का रीता।

होली आई रे

होली आयी रे होली आयी

रंग लाई मन में नई उमंग लाई

मस्तो की टोली संग लाई।

बज रहे ढोल नगाड़े
उड़ रहे रंगो के फव्वारे

देखो देखो कन्हैया ने मारी पिचकारी

भीग गई है राधा प्यारी।

राधा ने लठ उठाई

कन्हैया को ली दौड़ाई।

कितना मनोहर दृश्य यह सरकार

ब्रह्म होकर साकार।

खेल रहा हमारे संग आकर

यही भक्ति की शक्ति अपरम्पार।

सरकार सभी को नमस्कार।

एक समय की बात है

एक समय की बात है

हिरण्यकशिपु नाम का दैत्य बलवान।

देवताओं का शत्रु वह,

राज में उसके हरि नाम लेना था हराम।

उसके पुत्र हुए हरि भक्त प्रहलाद महान।

कर दिया था बाप की नींद हराम।

सब जतन करके हारा

बुलाया अपनी बहन को बेचारा।
अग्नि में ना जलने का था जिसको वरदान।

मासूम प्रहलाद को गोद में लेकर

अग्नि में बैठ गई वह कुचक्र रचा कर।

धू धू करके जल गई होलिका

बच गए सरकार प्रहलाद।

काम ना आया वरदान।

जिंदगी के फैसले

जिंदगी के फैसले बिना सोचे

एकाएक नहीं लिए जाते।

सरकार मोहब्ब्त की अलग रीत है

इश्क़ के फैसले तो

एक नजर में ही तय हो जाते।

जब भी गुजरते हैं

जब भी गुजरते हैं उसके मोहल्ले से

सरकार यही आवाज़ आती है दिल के कोने से।

जिस चेहरे पर मरते थे कभी

काश वो चेहरा नजर आ जाए हौले से।

जमाने भर से दुश्मनी मोल ले ली

जमाने भर से दुश्मनी मोल ले ली

सरकार उसने उल्फत की खातिर।

यार ने उसको छोड़ दिया

किसी और की खातिर।

जिसकी खातिर यार ने उसको छोड़ा

वो निकला बड़ा ही शातिर।

इश्क़ सा हस्न हुआ हुस्न का भी

हुस्न का यार दगा दे गया और की खातिर।

आओ सुनाऊं

आओ सुनाऊं तुम्हे एक कहानी।

जो बचपन में सुनाती थी नानी।

मछली जल की है रानी ।

उसका जीवन है पानी।

हाथ लगाओ जाएगी डर

बाहर निकाला तो जाएगी मर।

सबने सुनी है यह कहानी।

सरकार कुछ सीखा समझा कहानी से।

हमारी जिंदगी भी चलती है पानी से।

पानी अगर हुआ खतम

हम भी जाएंगे प्यासे मर।

हमे खुद की जिंदगी को गर है बचाना

पानी को भी होगा बचाना।

वरना जिंदगी होगी ख़तम

कुछ ना कर पाएंगे किसी के नाना।

यदि हमेशा करोगे नकल

यदि हमेशा करोगे नकल।

घास चरने चली जाएगी अक्ल।

सरकार फिर तो बन जाएगी

बारह बजे वाली शक्ल।

तुम बन के रह जाओगे नकलची

खराब हो जाएगी तुम्हारी आने वाली नस्ल।

हुस्न ने

हुस्न ने उसे जाहिल बना दिया।
और इश्क़ ने काहिल बना दिया।

सरकार इस पर जुलुम और कि

जिंदगी को बेदर्द साहिल बना दिया।

रिश्तों को चीजों की जरूरत नहीं

रिश्तों को चीजों की जरूरत नहीं

चाहिए उसे तेरा साथ।

इससे पहले कि जरूरत हो तेरी

रहे उसके हाथो में तेरा हाथ।

हर लम्हा संग नहीं रह पावो

कोई बात नहीं।

माना कि हमेशा एक से रहते

वक्त और हालात नहीं।

पर सरकार जब भी

जितने पल भी साथ रहो।

आप अपने साथी की

खुशियों का ख्याल रखो।

तेरा साथी जो खुश रहेगा

तो जीवन स्वर्ग सा सुन्दर बनेगा।

खुशियां हर पल बरसेंगी

तेरी जीवन कुटिया

प्यार से महकेगी।

कभी कभी जी करता है

कभी कभी जी करता है

जी भर सो लूं

तब तक ना जगूं।

जब तक जी ना भरे

बस सोता रहूं।

रात से सुबह तक

सुबह से शाम

शाम से रात तक।

बस यही हो काम

करता रहूं सरकार

बस आराम ही आराम।

एक सफर पुरा हुआ

एक सफ़र पूरा हुआ

दूसरा शुरू।

सफ़र के दरम्यान

जो ज्यादतियां की हमने

अपने तन मन के साथ।

अपनी सेहत को नजरंदाज कर

उसी का इनाम है ये सफ़र।

जिसमे झेलना है दर्द

और तकलीफिया

पहले में चलते रहना था

इसमें है बस आराम करना।

जिससे शरीर के ऊतक

रिपेयर हो सके

और फिर तन मन

तैयार हो सके

रोजमर्रा की जिंदगी की खातिर।

और सरकार मन को

तैयार कर सके

एक नए सफर के लिए।।।।।।।।

बस कुछ दिनों की थी यात्रा

बस कुछ दिनों की थी यात्रा

घर पहुंच कर जो सुकून मिला।

शरीर को आराम और

मन को यादों का हुजूम मिला।

घर आकर ऐसा लगा

कि बरसो के सफ़र के बाद लौटे

कुछ देर ठहरे तो

लगा जैसे बरसो हो गए आए हुए।

शरीर को चाहिए आराम

और मन को रोनाच की एक और किश्त

सरकार यात्राएं है एक इल्म का तिलिस्म।

जो बदल के रख देती है

हमारा नजरिया, हमारी समझ

हमारा वर्तमान हमारा भविष्य।

हमारा आचार हमारा विचार

हमारी सोच हमारा व्यवहार।

जिंदगी के सही मायने

अभी सफ़र खत्म

होने ही वाला था।

शरीर को एक अरसे बाद

आराम मिलने ही वाला था।

मन फिर से नए सफ़र का

ताना बाना बुनने लगा।

दिल पर एक और रोमांच

का खुमार चढ़ने लगा।

सरकार ये खुमारी ये बेताबी

वही समझ सकते है।

जो लोग रास्तों से यारी

सफ़र को ही अपना घर समझते हैं।

ज़िन्दगी मंजिलों को पाने का नाम नहीं

असल में जिंदगी के सही मायने

बस हम से यायावर समझते है।

यात्रा करते करते

यात्रा करते करते

एक वक्त ऐसा भी आता है।

जब अपना शहर अपना घर

बहुत याद आता है।

बड़ी सिद्दत से

जी में बस यही आता है।

कि उड़ चलू और

पहुंच जाऊं अपनी डगर

बस यही ख्याल आता है।

सरकार अब बस

लौट चलते हैं।

अपने शहर

अपनी डगर

अपने घर।।।।।।।।।।।।।।

बन गया एक अफसाना

#कू_१५३

मिजाज उनका आशिकाना

अदाए उनकी कातिलाना।

सरकार और क्या कहे

उनके हुस्न को देख

अंदाज मेरा हुआ शायराना।

कुछ निगाहों पे लिखा

कुछ सुर्ख लबो पे लिखा

हुस्न पे यूं लिखते लिखते

बन गया एक अफसाना।

जिंदगी के हर मोड़ पर

जिंदगी के हर मोड़ पर

तुम उसी से मिलोगे।

तुम्हे वही दिखेगी

जिधर तुम देखोगे।

पैदा होने से लेकर

रुखसत होने तक

बस उसी के दर्शन करोगे।

कभी मां तो कभी बहन

कभी दोस्त तो कभी प्रेमिका

कभी भार्या तो कभी सेविका

कभी पुत्री तो कभी सहायिका।

सरकार की ये है सलाह

जब भी मिलो नारी के किसी भी रूप से

सम्मान करना हर हाल।

कभी दिल ना दुखाना

ना लेना आह।

वरना हो जाओगे तबाह।

हुस्न ओ इश्क़

मेरी मोहब्ब्त बेगैरत, हुस्न का ये इल्जाम आया है।

इश्क़ के फलक पर, कुछ इस तरह मेरा नाम आया है।

होठ सिल लिए हमने, कहीं खुल ना जाए हुस्न की हक़ीक़त।

फिर जहां भी गया, लोगो ने कहा

लो बेजुबान आया है।

हम गिरते गए लोगो की नजरो मे

मेरी बदनामी का दौर तमाम आया है।

तमाम उम्र गुजारी हमने तनहा

सरकार कुछ इस तरह मेरे हाथो में ये जाम आया है।

कभी कभी हम

कभी कभी

हम खुद से

कर जाते है

कुछ ज्यादा ही उम्मीद।

अपनी क्षमताओं को

बगैर जाने

पहचाने

कर लेते हैं

गलत आकलन।

जो देता है

विपरीत चलन।

हमें चाहिए

खुद को जान ले

अच्छे से पहचान ले।

फिर जो भी करेंगे

सफल होंगे।

जब भी दिखाना हो

 दम खम।

सरकार ये शर्त है

कभी बिना

सोचे समझे

जांचे परखे

ना उठाए कोई कदम।

मान लोगे

अगर ये बात मेरी

फिर होगी जय तेरी।

उल्फत के दौर में

उल्फत के दौर में

फितरत ने वो काम किया।

अभी चिंगारी जली थी इश्क की

हुस्न ने काम तमाम किया।

किसी ने पूछा हुआ क्या

तो सबने कहा

ये वाकया तो सरे आम किया।

सरकार मुश्किल ये नहीं

कि खत्म कहानी हुई

तकलीफ ये है

सरे राह बदनाम किया।

जब भी तू कदम बढ़ाएगा

जब भी तू कदम बढ़ाएगा

मन में विश्वास के दीप जलाएगा

अंतर्मन में सफलता के गीत गाएगा।

कुछ लोग आएंगे

तुझे असफलता से डराएंगे।

तुझे पीछे खिचेंगे

तेरी राह में रोड़े अटकाएँगे।
तेरे हौसले को तोड़ेंगे

तुझको भटकाएंगे।

सरकार की बात ये मान लो

मन में ठान लो

चाहे जो हो जाए

आंधी या लाख तूफान आए।

तू रुकेगा नहीं

बस बढ़ते जाएगा

एक दिन आएगा

जब तू अपनी मंजिल पाएगा

फिर हर कोई शीश झुकाएगा।

सरकार

#कू_१४४

रिश्तों को लेकर

साथ साथ चलना

नहीं होता है आसान।

बहुत कुछ सहना पड़ता है

फिर भी चुप रहना पड़ता है

छलनी हो जाता है प्राण।

कभी प्रेम भरे पल होते

कभी हम पूरी रात हैं रोते

कभी रात भर मस्ती करते

कभी हफ़्तों नहीं है सोते

कभी प्रेम की वर्षा होती

कभी होता है सिर्फ अपमान।

कभी मिलती वाहवाही

कभी रहती बेपरवाही

कभी शान मे गढ़े जाते कसीदे

कभी मिलते ना मिटने वाले

घाव के निशान।

सरकार ये रिश्ते नहीं आसान।

नई सुबह

जब जब आंख खुली है

जब जब भोर हुई है।

अंधेरा दूर हुआ है

रोशनी चहुओर हुई है।

सारा जग उजागर हुआ है

सूरज की किरणे बिखरी हुई है।

रात गई बात गई

नया दिन निकला है

फिजा में ताज़गी नई है।

कमजोरियों, निराशाओं को पीछे छोड़

पूरी ताक़त से आगे बढ़ो

नयी आशाए तुमको बुलाने आईं है।

सरकार नई सुबह

नयी उम्मीद जगाने आई है।

इसी जहां इसी जमीं पर

इसी जहां इसी जमीं पर

यही शहर यही डगर

कितना कुछ बदल गया

नहीं बदली तेरी उमर।

तुम तब भी सोलह के थे

अभी भी सोलह के हो सोशल नेटवर्क पर

कितना मेन्टेन किया है खुद को

ठहर गई है उमर।

किसको छलते हो

या खुद को भ्रम में रखते हो

झूठा दिलासा करते हो।

एक बात बताओ

क्या करोगे झूठ दिखा कर

बेशक मेन्टेन रहो

उमर को रोक दो।

पर जितने बरस के हो

रख दो राज खोल कर।

सरकार हर सच देता है

सुकून जी भर।

अभी अभी

अभी अभी पलटे हैं उसने

पन्ने जिंदगानी के।

याद आए बहुत से किस्से

उस बेलगाम नौजवानी के।

एक इल्म सा है उस पन्ने में

जिनमे दर्ज है हसीन लम्हे जवानी के।

कुछ हसरतें रह गई बाकी

कुछ पन्ने अधूरे हैं इस कहानी के।

सरकार सबसे प्यारा बचपन था

वो मासूमियत भरी शरारतो के किस्से

कुछ जिद के कुछ मनमानी के।

उम्र के इस पड़ाव पर

इस आखिरी ठहराव पर

यादें ही तो सच्चे साथी हैं

खत्म होती इस कहानी के।

उम्मीदों के दरख़्त

उम्मीदों के दरख़्त, अब भी खुले हैं।
दिलों में फिर भी, दम तोड़ रहे हौसले हैं।

ये ज़िंदगी के सबक नए नहीं
पहले भी हमें कई बार ये मिले हैं।

अक्सर जवाब देने की आदत रही है
सरकार पहली बार हमने अपने होठ सिले हैं।